税则第二十七章商品质量指标汇编

SHUIZE DI-ERSHIQI ZHANG SHANGPIN
ZHILIANG ZHIBIAO HUIBIAN

海关总署关税征管司
全国海关进出口商品归类中心大连分中心 ◎编著

中国海关出版社

图书在版编目（CIP）数据

税则第二十七章商品质量指标汇编/海关总署关税征管司，全国海关进出口商品归类中心大连分中心编著.
—北京：中国海关出版社，2014.1
  ISBN 978-7-5175-0010-0

  I.①税… II.①海… ②全… ③商… III.①进出口贸易—商品质量—指标—汇编—中国 IV.①752.52

中国版本图书馆 CIP 数据核字（2014）第 021480 号

税则第二十七章商品质量指标汇编
SHUIZE DI-ERSHIQI ZHANG SHANGPIN ZHILIANG ZHIBIAO HUIBIAN

作　　者：海关总署关税征管司
　　　　　全国海关进出口商品归类中心大连分中心
责任编辑：黄华莉
助理编辑：黄　阳
出版发行：中国海关出版社
社　　址：北京市朝阳区东四环南路甲 1 号　　　　邮政编码：100023
网　　址：www. hgcbs. com. cn；www. hgbookvip. com
编 辑 部：01065194242 - 7531（电话）　　　　01065194231（传真）
发 行 部：01065194221/4238/4246（电话）　　01065194233（传真）
社办书店：01065195616（电话）　　　　　　　01065195127（传真）
　　　　　http://store. hgbookvip. com（网址）
印　　刷：北京京都六环印刷厂　　　　　　　经　　销：新华书店
开　　本：710mm×1000mm　1/16
印　　张：6.75　　　　　　　　　　　　　　字　　数：70 千字
版　　次：2014 年 1 月第 1 版
印　　次：2014 年 1 月第 1 次印刷
书　　号：ISBN 978-7-5175-0010-0
定　　价：25.00 元

前　言

　　近年来，随着全球经济和技术的飞速发展，我国对外贸易持续快速增长，商品进出口量不断加大，海关认定及归类化验的难度也不断增加。在工作中发现，《中华人民共和国进出口税则》（以下简称《税则》）第五类"矿产品"中第二十七章"矿物燃料、矿物油及其蒸馏产品；沥青物质；矿物蜡"涉及的商品领域广泛，相关标准较多，在实际工作中认定难度较大。为便于海关监管人员能够更加系统地了解该章商品，准确地对该章商品进行认定并快速化验归类，全国海关进出口商品归类中心大连分中心编写了《税则第二十七章商品质量指标汇编》一书。

　　本书以 2014 年版《税则》和 2012 年版《进出口税则商品及品目注释》（以下简称《品目注释》）为依据，紧密结合海关业务特点，汇集了《税则》第二十七章商品可能涉及的各种国家标准、行业标准、地方标准和企业标准中所规定的商品各项指标，共 55 个。本书按照《税则》第二十七章所列商品的税则号列进行分类，并对商品的适用范围和各种指标加以介绍，按税则号列顺序排序，以方便读者查阅和了解。

　　需要特别注意的是，本书所列出的标准及相关指标

是与《税则》第二十七章商品相关的部分标准，其所列
税则号列只是基于商品分类和排序方便，仅供参考，不
作为归类依据和执法依据。确认归类时应严格按照《税
则》及《品目注释》的规定执行。

　　参加本书整理编写的人员有：崔荣、尹兵、于秋
实、王立鹏、董琦、苏文卓、邹存武、于萌炎。

　　本书仅供实际工作参考使用，由于编者水平有限，
不当之处，恳请读者批评指正。

编者
2014 年 1 月

目　录

一、税则号列 2701/2702

1. GB/T 5751—2009 中国煤炭分类

适用范围：中华人民共和国境内勘察、生产、加工利用和销售的煤炭。

类别	代号	编码	分类指标	
			$V_{daf}/\%$	$P_M/\%$
无烟煤	WY	01,02,03	≤10.0	—
烟煤	YM	11,12,13,14,15,16	>10.0~20.0	—
		21,22,23,24,25,26	>20.0~28.0	
		31,32,33,34,35,36	>28.0~37.0	
		41,42,43,4,4,45,46	>37.0	
褐煤	HM	51,52	>37.0ᵃ	≤50ᵇ

a　凡 $V_{daf}>37.0\%$，$G\leqslant5$，再用透光率 P_M 来区分烟煤和褐煤（在地质勘察中，$V_{daf}>37.0\%$，在不压饼的条件下测定的焦渣特征为 1~2 号的煤，再用 P_M 来区分烟煤和褐煤）。

b　凡 $V_{daf}>37.0\%$，$P_M>50\%$ 者为烟煤；$30\%<P_M\leqslant50\%$ 的煤，如恒湿无灰基高位发热量 $Q_{gr,maf}>24MJ/kg$，划分为长焰煤，否则为褐煤。

二、税则号列 2704

1. YB/T 034—92 铁合金用焦炭

适用范围：以高挥发性煤为原料经高温干馏所得的焦炭，供电炉冶炼铁合金用。冶金焦炭中的筛下焦（小于 25mm 部分）供电炉冶炼铁合金时，亦应参照使用。

指标		级别		
		优级	一级	二级
灰分(A_d)，%	不大于	10.00	13.00	16.00
氧化铝含量(Al_2O_3)，%	不大于	2.0	3.0	5.0
磷含量(P)，%	不大于	0.025	0.035	0.045
电阻率(ρ)，$10^{-6}\Omega \cdot m$	不小于	2200	2000	1100
挥发分(V_{daf})，%	不大于	4.0	4.0	4.0
硫分($S_{t,d}$)，%	不大于	0.80	0.90	1.30
水分(M_t)，%	不大于	8.0	8.0	8.0

2. GB 8729—88 铸造焦炭

适用范围：以烟煤为主要原料经高温干馏所得的铸造焦炭。铸造焦炭供熔炼铸铁用。

指标		级别		
		特级	一级	二级
块度,mm		> 80		
		80 ~ 60		
		> 60		
水分(W_Q),%	不大于	5.0		
灰分(A^g),%		≤8.00	8.01 ~ 10.00	10.01 ~ 12.00
挥发分(V^r),%	不大于	1.50		
馏分(S_Q^8),%	不大于	0.60	0.80	0.80
转鼓强度(M_{40}),%	不小于	85.0	81.0	77.0
落下强度(SI_4^{50}),%	不小于	92.0	88.0	84.0
显气孔率(P_s),%	不大于	40	45	45
碎焦率(< 40mm),%	不大于	4.0		

三、税则号列 27071000

1. YB/T 2303—2005 重苯

适用范围：粗苯经分馏所制得的未提取含萘溶剂油的重苯，供提取古马隆用。

指标名称			指标	
			一级	二级
馏程（大气压力 101.3kPa）	初馏点,℃	不小于	150	150
	200℃前（体积分数）,%	不小于	50	35
水分（质量分数）,%		不大于	0.5	0.5
注:水分不作质量考核依据。				

2. YB/T 5022—93 粗苯

适用范围：高温炼焦过程中所得粗苯和轻苯。

指标名称		粗苯		轻苯
		加工用	溶剂用	
外观		黄色透明液体		
密度（20℃），g/ml		0.871 ~ 0.900	≤0.900	0.870 ~ 0.880
馏程：				
75℃前馏出量（容），%	不大于	—	3	—
180℃前馏出量（重），%	不小于	93	91	—
馏出96%（容）温度，℃	不大于	—	—	150
水分		室温（18℃ ~25℃）下目测无可见的不溶解的水		

注：加工用粗苯，如用石油洗油作吸收剂时，密度允许不低于 0.865g/ml。

四、税则号列 27072000

1. GB/T 2284—2009 焦化甲苯

适用范围：从焦炉煤气中回收的粗苯经酸洗或加氢、精馏所得的焦化甲苯。

指标名称		指标		
		优等品	一等品	合格品
外观		透明液体,无沉淀物及悬浮物		
颜色(铂－钴)	不大于	20#		
密度(20℃)/(g/cm^3)		0.864 ~ 0.868		0.861 ~ 0.870
馏程/℃ 大气压 101325Pa(包括 110.6℃)	不大于	—	1.0	2.0
酸洗比色(按标准比色液)	不深于	0.15	0.20	0.25
苯(质量分数)/%	不大于	0.10	—	—
非芳烃(质量分数)/%	不大于	1.2	—	—
C$_8$ 芳烃(质量分数)/%	不大于	0.10	—	—
总硫/(mg/kg)	不大于	2	150	—
溴价/(g/100ml)	不大于	—	—	0.2
水分		室温(18℃ ~ 25℃)下目测无可见的不溶解的水		

2. GB/T 3406—2010 石油甲苯

适用范围：用作化工原料和溶剂的石油甲苯。

项目		质量指标	
		Ⅰ号	Ⅱ号
外观		透明液体,无不溶水及机械杂质	
颜色（hazan 单位——铂-钴色号）	不深于	10	20
密度(20℃)/(kg/m³)		—	865~868
纯度(质量分数)/%	不小于	99.9	—
烃类杂质含量:			
苯含量(质量分数)/%	不大于	0.03	0.10
C$_8$ 芳烃含量(质量分数)/%	不大于	0.05	0.10
非芳烃含量(质量分数)/%	不大于	0.1	0.25
酸洗比色		酸层颜色不深于 1000ml 稀酸中含 0.2g 重铬酸钾的标准溶液	
总硫含量/(mg/kg)	不大于	2	
蒸发残余物/(mg/100ml)	不大于	3	
中性实验		中性	
溴指数/(mg/100g)		由供需双方商定	

五、税则号列 27073000

1. GB/T 2285—93 焦化二甲苯

适用范围：从焦炉煤气中回收的粗苯经酸洗、分馏所得的焦化二甲苯。

指标名称	3℃二甲苯	5℃二甲苯	10℃二甲苯
外观	室温（18℃～25℃）下透明液体，不深于每1000m 水中分别含有		
	0.003g	0.03g	
	重铬酸钾的溶液的颜色		
密度（20℃），g/cm³	0.857～0.866	0.856～0.866	0.840～0.870
馏程（大气压 101325Pa）			
初馏点，℃ 　　　不大于	137.5	136.5	135.0
终点，℃ 　　　不大于	140.5	141.5	145.0
酸洗比色（按标准比色液）　不深于	0.6	2.0	4.0
水分	室温（18℃～25℃）下目测无可见的不溶解的水		
中性试验	中性		
铜片腐蚀试验　　　不深于	2号（即中等变色）	—	—

2. GB/T 3407—2010 石油混合二甲苯

适用范围：用做化工原料或溶剂的石油混合二甲苯。

项目	质量指标	
	3℃混合二甲苯	5℃混合二甲苯
外观	透明液体,无不溶水及机械杂质	
颜色（hazan 单位——铂-钴色号） 不深于	20	
密度（20℃）/（kg/m³）	862～868	860～870
馏程/℃		
初馏点 不低于	137.5	137
终馏点 不高于	141.5	143
总馏程范围 不大于	3	5
酸洗比色	酸层颜色不深于 1000ml 稀酸酸中含 0.3g 重铬酸钾的标准溶液	酸层颜色不深于 1000ml 稀酸中含 0.5g 重铬酸钾的标准溶液
总硫含量/（mg/kg） 不大于	2	
蒸发残余物/（mg/100L） 不大于	3	
铜片腐蚀	通过	
中性试验	中性	
溴指数/（mg/100g）	供需双方商定	

3. SH/T 1613.1—95 石油邻二甲苯

适用范围：由石油精制得到的石油邻二甲苯。

项目	指标	
	优等品	一等品
外观	清晰,无沉淀物	清晰,无沉淀物
纯度,%（m/m） ≥	98	95
非芳烃＋碳九芳烃,%（m/m）≤	1.0	1.5
色度(铂–钴色号) ≤	10	20
酸洗比色	酸层颜色应不深于重铬酸钾含量为 0.15 g/L标准比色液的颜色	—
总硫含量,mg/kg ≤	5	5
水溶性酸碱	无	无
馏程(101.325kPa),℃ ≤	2(包括144.4)	2(包括144.4)
不挥发物,mg/100ml ≤	2	5

4. SH/T 1766.1—2008 石油间二甲苯

适用范围：由石油加工得到的石油间二甲苯产品。该产品主要用于生产间苯二甲酸、间苯二甲腈、间苯二甲胺、间苯甲酸、农药等。

项目		指标
外观		清澈透明无沉淀
纯度/%（质量分数）	≥	99.50
乙苯/%（质量分数）	≤	0.10
对二甲苯＋邻二甲苯/%（质量分数）	≤	0.45
非芳烃/%（质量分数）	≤	0.10
总硫含量/（mg/kg）	≤	2
色度/（Pt－Co 号）	≤	10
溴指数	≤	10

六、税则号列 27079910

1. YB/T 5079—93 粗酚

适用范围：分馏高温煤焦油所得的粗酚。

指标名称		指标
酚及同系物含量(按无水计算),%	不小于	83
馏程(按无水计算)		
210℃前(容),%	不小于	60
230℃前(容),%	不小于	85
中性油含量,%	不大于	0.8
吡啶碱含量,%	不大于	0.5
pH 值		5~6
灼烧残渣含量(按无水计),%	不大于	0.4
水分,%	不大于	10

七、税则号列 2708

1. YB/T 5075—2010 煤焦油

适用范围：高温炼焦时从煤气中冷凝所得的煤焦油。

项目		1 号	2 号
密度($\rho 20$)/(g/cm^3)		1.15~1.21	1.13~1.22
水分/%	不大于	3.0	4.0
灰分/%	不大于	0.13	0.13
黏度(E80)	不大于	4.0	4.2
甲苯不溶物(无水基)/%		3.5~7.0	≤9.0
萘含量(无水基)/%	不小于	7.0	7.0

13

八、税则号列 27081000

1. GB/T 2290—2012 煤沥青

适用范围：高温煤焦油经加工所得的低温、中温及高温煤沥青。

指标名称	低温沥青		中温沥青		高温沥青	
	1 号	2 号	1 号	2 号	1 号	2 号
软化点/℃	35～45	46～75	80～90	75～95	95～100	95～120
甲苯不溶物含量/%	—	—	15～25	≤25	≥24	—
灰分/%	—	—	≤0.3	≤0.5	≤0.3	—
水分/%	—	—	≤5.0	≤5.0	≤4.0	≤5.0
喹啉不溶物/%	—	—	≤10	—	—	—
结焦值/%	—	—	≥45	—	≥52	—

九、税则号列 27082000

1. GB/T 3070—82 沥青焦

适用范围：煤沥青经高温干馏所得的沥青焦。

指标名称		电极冶炼用	电炭制品用
灰分(A_g), %	不大于	0.5	0.8
全硫(S_Q^g), %	不大于	0.5	0.5
挥发份(V^r), %	不大于	1.2	1.2
其比重(d_{20}^{20}), %	不小于	1.96	1.80
焦末含量(25mm 以下), %	不大于	4	4
水分(W_Q), %	不大于	3	5

2. YB/T 5299—2009 沥青焦

适用范围：从煤焦油中所得的煤沥青（软沥青），经延迟焦化后制得的沥青焦。

指标名称		指标
全水分（质量分数）M_t，%	不大于	1.0
灰分（质量分数）A_d，%	不大于	0.5
全硫（质量分数）$S_{t,d}$，%	不大于	0.5
挥发分（质量分数）V_{daf}，%	不大于	0.8
其比重（d_{30}^{30}）	不小于	1.96

十、税则号列 2710

1. SH 0527—92 延迟石油焦（生焦）

适用范围：以各种渣油、沥青或重油为原料经过延迟焦化生产的延迟石油焦。

项目		质量指标						
		一级品	合格品					
			1A	1B	2A	2B	3A	3B
硫含量,%	不大于	0.5	0.5	0.8	1.0	1.5	2.0	3.0
挥发分,%	不大于	12	12	14		17	18	20
灰分,%	不大于	0.3	0.3	0.5			0.8	1.2
水分,%	不大于	3						
真密度,g/cm³		2.08~2.13	报告					
粉焦量（块粒 8mm 以下）,%	不大于	25						
硅含量,%	不大于	0.08	—					
钒含量,%	不大于	0.015	—					
铁含量,%	不大于	0.08	—					

十一、税则号列 271012

1. GB/T 24216—2009 轻油

适用范围：高温煤焦油蒸馏所制得的轻油馏分。

项目		要求
外观		无色、淡黄色或褐色液体
密度(20℃)/(g/cm^3)		0.865～0.900
馏程(101.325kPa)		
初馏点/℃	≤	95
180℃前馏出量(体积分数)/%	≥	90.0
酚含量(体积分数)/%	≤	4.0
水分		室温(18℃～25℃)下目测无可见的不溶解的水

十二、税则号列 27101210

1. DB31 427—2009 车用汽油

适用范围：由液体烃类和由液体烃类及改善使用性能的添加剂组成的车用汽油，做点燃式发动机的燃料。

项目		质量指标		
		90 号	93 号	97 号
抗爆性				
研究法辛烷值（RON）	不小于	90	93	97
抗爆指数（RON + MON）/2	不小于	85	88	报告
铅含量/（g/L）	不大于	0.005		
铁含量/（g/L）	不大于	0.01		
锰含量/（g/L）	不大于	0.006		
密度（20℃）/（kg/m³）		720～775		
馏程				
10%蒸发温度/℃	不高于	70		
50%蒸发温度/℃	不高于	120		
90%蒸发温度/℃	不高于	190		
终馏点/℃	不高于	205		

项目		质量指标		
		90 号	93 号	97 号
残留量/%（体积分数）	不大于	2		
蒸汽压/kPa				
从 11 月 1 日至 4 月 30 日	不大于	88		
从 5 月 1 日至 10 月 31 日	不大于	65		
实际胶质/（mg/100ml）	不大于	5		
诱导期/min	不小于	480		
硫含量/%（质量分数）	不大于	0.005		
硫醇（需满足下列要求之一）				
博士试验		通过		
硫醇硫含量/%（质量分数）	不大于	0.001		
铜片腐蚀(50℃,3h)/级	不大于	1		
水溶性酸或碱		无		
机械杂质及水分		无		
苯含量/%（体积分数）	不大于	1.0		
烯烃含量/%（体积分数）	不大于	25		
烯烃＋芳烃含量/%（体积分数）	不大于	60		
氧含量/%（质量分数）	不大于	2.7		
甲醇含量/%（质量分数）	不大于	0.3		

2. GB 1787—79 航空汽油

适用范围：按国家规定的鉴定程序通过的试样所采用的原料和工艺生产的活塞式航空发动机燃料。

项目		质量指标		
		RH－75	RH－95/130	RH－100/130
辛烷值	不小于	75	95	98.6
品度	不小于	—	130	130
四乙基铅含量,g/kg	不大于	无	3.3	2.7
净热值,MJ/kg	不小于	—	43.1	43.1
馏程				
初馏点,℃	不低于		40	
10%馏出温度,℃	不高于		80	
50%馏出温度,℃	不高于		105	
90%馏出温度,℃	不高于		145	
97.5%馏出温度,℃	不高于		180	

项目		质量指标		
		RH－75	RH－95/130	RH－100/130
残留量及损失量,%	不大于	2.5		
残留量,%	不大于	1.5		
饱和蒸汽压,kPa		27~48		
酸度,mgKOH/100ml	不大于	1.0		
结晶点,℃	不高于	－60		
碘值,gI/100g	不大于	12		
实际胶质,mg/100ml	不大于	3		
硫含量,%	不大于	0.05		
腐蚀(铜片,50℃,3h),级	不大于	1		
水溶性酸或碱		无		
机械杂质及水分		无		
颜色		水白	同染色剂	

3. GB 17930—2011 车用汽油

适用范围：由液体烃类或由液体烃类及改善使用性能的添加剂组成的车用汽油。

车用汽油（Ⅲ）的技术要求

项目		质量指标		
		90 号	93 号	97 号
抗爆性：				
研究法辛烷值（RON）	不小于	90	93	97
抗爆指数（RON + MON）/2	不小于	85	88	报告
铅含量/（g/L）	不大于	0.005		
馏程				
10% 蒸发温度/℃	不高于	70		
50% 蒸发温度/℃	不高于	120		
90% 蒸发温度/℃	不高于	190		
终馏点/℃	不高于	205		
残留量/%（体积分数）	不大于	2		
蒸汽压/kPa				
11 月 1 日至 4 月 30 日	不大于	88		
5 月 1 日至 10 月 31 日	不大于	72		

项目		质量指标		
		90 号	93 号	97 号
溶剂洗胶质含量/（mg/100ml）	不大于	5		
诱导期/min	不小于	480		
硫含量（质量分数）/%	不大于	0.015		
硫醇（满足下列指标之一，即判断为合格）				
博士试验		通过		
硫醇硫含量（质量分数）/%	不大于	0.001		
铜片腐蚀（50℃,3h）/级	不大于	1		
水溶性酸或碱		无		
机械杂质及水分		无		
苯含量（体积分数）/%	不大于	1.0		
芳烃含量（体积分数）/%	不大于	40		
烯烃含量（体积分数）/%	不大于	30		
氧含量（质量分数）/%	不大于	2.7		
甲醇含量（质量分数）/%	不大于	0.3		
锰含量/（g/L）	不大于	0.016		
铁含量/（g/L）	不大于	0.01		

车用汽油（Ⅳ）的技术要求

项目		质量指标		
		90 号	**93 号**	**97 号**
抗爆性				
研究法辛烷值（RON）	不小于	90	93	97
抗爆指数（RON + MON）/2	不小于	85	88	报告
铅含量/（g/L）	不大于	0.005		
馏程				
10% 蒸发温度/℃	不高于	70		
50% 蒸发温度/℃	不高于	120		
90% 蒸发温度/℃	不高于	190		
终馏点/℃	不高于	205		
残留量（体积分数）/%	不大于	2		
蒸汽压/kPa				
11 月 1 日至 4 月 30 日		42 ~ 85		
5 月 1 日至 10 月 31 日		40 ~ 68		
溶剂洗胶质含量/（mg/100ml）	不大于	5		

项目		质量指标		
		90 号	**93 号**	**97 号**
诱导期/min	不小于	480		
硫含量/（mg/kg）	不大于	50		
硫醇(满足下列指标之一,即判断为合格)				
博士试验		通过		
硫醇硫含量(质量分数)/%	不大于	0.001		
铜片腐蚀(50℃,3h)/级	不大于	1		
水溶性酸或碱		无		
机械杂质及水分		无		
苯含量(体积分数)/%	不大于	1.0		
芳烃含量(体积分数)/%	不大于	40		
烯烃含量(体积分数)/%	不大于	28		
氧含量(质量分数)/%	不大于	2.7		
甲醇含量(质量分数)/%	不大于	0.3		
锰含量/（g/L）	不大于	0.008		
铁含量/（g/L）	不大于	0.01		

4. GB 1787—2008 航空活塞式发动机燃料

适用范围：通过国家规定的鉴定程序的原料和工艺生产的、加入适当添加剂调和而成的航空活塞式发动机燃料。

项目		质量指标		
		75 号	95 号	100 号
马达法辛烷值	不小于	75	95	99.5
品度	不小于	—	130	130
四乙基铝/（g/kg）	不大于	—	3.2	2.4
净热值/（MJ/kg）	不小于	—	43.5	43.5
颜色		无色	桔黄色	
密度（20℃）/（kg/m³）		报告		
馏程				
初馏点/℃	不低于	40		报告
10% 蒸发温度/℃	不高于	80		75
40% 蒸发温度/℃	不低于	—		75
50% 蒸发温度/℃	不高于	105		105
90% 蒸发温度/℃	不高于	145		135
终馏点/℃	不高于	180		170

项目		质量指标		
		75 号	95 号	100 号
10% 与 50% 蒸发温度之和/℃	不低于		—	135
残留量(体积分数)/%	不大于		1.5	1.5
损失量(体积分数)/%	不大于		1.5	1.5
饱和蒸汽压/kPa			27 ~ 48	38 ~ 49
酸度/(以 KOH 计)/(mg/g)	不大于		1.0	
冰点/℃	不高于		-58.0	
碘值/(g/100g)	不大于		12	
硫含量(质量分数)/%	不大于		0.05	
实际胶质/(mg/100ml)	不大于		3	
氧化安定性(5h 老化)潜在胶质/(mg/100ml)	不大于		6	
显见铅沉淀/(mg/100ml)	不大于		—	3
铜片腐蚀(100℃,2h)/级	不大于		1	
水溶性酸或碱			无	
机械杂质及水分			无	
芳烃含量(体积分数)/%	不大于		30	35
水反应	不大于			
体积变化/ml			±2	

十三、税则号列 27101220

1. Q/SY 26—2009 石脑油

适用范围：由原油加工制得的石脑油。

乙烯装置用石脑油技术要求

项目		技术指标		
		65 号	60 号	55 号
颜色,赛波特号		≥ +20		
密度(20℃),kg/m³		630~750		
馏程	初馏点,℃	报告		
	50% 馏出温度,℃	报告		
	终馏点,℃	≤200		
族组成	烷烃含量(质量分数),%	≥65	≥60	≥55
	正构烷烃含量(质量分数),%	≥30	—	
	环烷烃含量(质量分数),%	报告		
	烯烃含量(质量分数),%	≤2.0		
	芳烃含量(质量分数),%	报告		
硫含量(质量分数),%		≤0.05		
砷含量,μg/kg		报告		
铅含量,μg/kg		≤100		
机械杂质及水分		无		
外观		无色透明液体		

重整装置用石脑油技术要求

项目		技术指标
颜色,赛波特号		≥ +20
密度(20℃),kg/m³		630～750
馏程	初馏点,℃	报告
	50% 馏出温度,℃	报告
	终馏点,℃	≤200
族组成	烷烃含量(质量分数),%	报告
	环烷烃含量(质量分数),%	≥20
	烯烃含量(质量分数),%	≤2.0
	芳烃含量(质量分数),%	报告
硫含量(质量分数),%		≤0.05
砷含量,μg/kg		报告
铅含量,μg/kg		≤100
机械杂质及水分		无
外观		无色透明液体

十四、税则号列 27101230

1. GB 1922—2006 油漆及清洗用溶剂油

适用范围：由石油馏分组成的溶剂油，主要用作油漆溶剂（或稀释剂）、干洗溶剂及金属零部件的清洗剂。

项目	1号 中芳型	1号 低芳型	2号 普通型	2号 中芳型	2号 低芳型	3号 普通型	3号 中芳型	3号 低芳型	4号 普通型	4号 中芳型	4号 低芳型	5号 中芳型	5号 低芳型
芳烃含量（体积分数）/%	2~8	0~<2	8~22	2~8	0~<2	8~22	2~8	0~<2	8~22	2~8	0~<2	2~8	0~<2
外观	透明，无沉淀及悬浮物												
闪点（闭口）/℃ 不低于	4		38			38			60			65	
颜色 不深于	赛波特色号+28 或铂-钴色号10		赛波特色号+25 或铂-钴色号25			赛波特色号+25 或铂-钴色号25			赛波特色号+25 或铂-钴色号25			赛波特色号+25	
溴值/(gBr/100g) 不大于	5												
博士试验	通过												
馏程													

项目		1号 中芳型	1号 低芳型	2号 普通型	2号 中芳型	2号 低芳型	3号 普通型	3号 中芳型	3号 低芳型	4号 普通型	4号 中芳型	4号 低芳型	5号 中芳型	5号 低芳型
初馏点/℃	不低于	115			150			150			175		200	
50%蒸发温度/℃	不高于	130			175			180			200		—	
干点/℃	不高于	155			185			215			215		300	
残留量(体积分数)/%	不大于	—			1.5			1.5			1.5		—	
水溶性酸碱		无												
铜片腐蚀/级 不大于 100℃,3h		—			—			—			—		1	
铜片腐蚀/级 不大于 50℃,3h		1			1			1			1		—	
密度(20℃)/(kg/m³)		报告												

2. SH 0004—90 橡胶工业用溶剂油

适用范围：由原油直馏馏分或催化重整抽余油所得的橡胶工业溶剂油。

项目		质量指标		
		优级品	一级品	合格品
密度（20℃），kg/m³	不大于	700	730	—
馏程				
初馏点，℃	不低于	80	80	80
110℃馏出量，%	不小于	98	93	—
120℃馏出量，%	不小于	—	98	98
残留量，%	不大于	1.0	1.5	—
溴值，gBr/100g	不大于	0.12	0.14	0.31
芳香烃含量，%	不大于	1.5	3.0	3.0
硫含量，%	不大于	0.018	0.020	0.050
博士试验		通过		—
水溶性酸或碱		无		
机械杂质及水分		无		
油渍试验		合格		

3. SH 0005—90 油漆工业用溶剂油

适用范围：以原油的直馏馏分，或经再加工制得的油漆工业用溶剂油。

项目		质量指标	
		一级品	合格品
外观		透明、无悬浮物和机械杂质及不溶解水	
闪点(闭口)，℃	不低于	33	33
色度，号	不小于	+25	—
芳烃含量，%	不大于	15	15
贝壳松脂丁醇值		报告	
溴值，gBr/100g	不大于	5	—
博士试验		通过	—
馏程			
初馏点，℃	不低于	140	140
98%馏出温度，℃	不高于	200	200
铜片腐蚀，级			
100℃，3h	不大于	1	—
50℃，3h	不大于	—	1
密度(20℃)，kg/m³	不小于	750	—
	不大于	816	790

4. GB 16629—2008 植物油抽提溶剂

适用范围：由石油直馏馏分、重整抽余油或凝析油馏分经精制而成的植物油抽提溶剂，用于食用油脂抽提。

项目		指标
馏程		
初馏点,℃	不低于	61
干点,℃	不高于	76
苯含量(质量分数),%	不大于	0.1
密度(20℃)/(kg/m³)		655～680
溴指数	不大于	100
色度/号	不小于	+30
不挥发物/(mg/100ml)	不大于	1.0
硫含量(质量分数),%	不大于	0.0005
机械杂质及水分		无
铜片腐蚀(50℃,3h)/级	不大于	1

十五、税则号列 271019

1. GB 253—2008 煤油

适用范围：原油或其馏分油通过不同加工工艺制得的煤油，主要用于点灯照明、各种煤油燃烧器、溶剂和洗涤剂等。

项目		质量指标	
		1	2
色度,号	不小于	+25	+16
硫醇硫(质量分数),%	不大于	0.003	
硫含量(质量分数),%	不大于	0.04	0.10
馏程			
10% 馏出温度,℃	不高于	205	
终馏点,℃	不高于	300	
闪点(闭口),℃	不低于	38	
冰点,℃	不高于	−30	
运动黏度(40℃)/(mm²/s)		1.0~1.9	

项目		质量指标	
		1	2
铜片腐蚀(100℃,3h)/级	不大于	1	
机械杂质及水分		无	
水溶性酸或碱		无	
密度(20℃)/(kg/m³)	不大于	840	
燃烧性			
1)16h 试验			
平均燃烧速率/(g/h)		18～26	—
火焰宽度变化/mm	不大于	6	—
火焰高度降低/mm	不大于	5	—
灯罩附着物颜色 不深于		轻微白色	—
或2)8h 试验＋烟点			
8h 试验		合格	合格
烟点/mm	不小于	25	20

十六、税则号列 27101911

1. GB 438—77 1 号喷气燃料

适用范围：天然原油加工制得的喷气燃料。

项目		质量指标
密度(20℃)/(g/cm³)	不小于	0.775
馏程		
初馏点,℃	不高于	150
10%馏出温度,℃	不高于	165
50%馏出温度,℃	不高于	195
90%馏出温度,℃	不高于	230
98%馏出温度,℃	不高于	250
残留量及损失量,%	不大于	2.0
闪点(闭口),℃	不低于	28
运动黏度,厘泊		
20℃	不小于	1.25
−40℃	不大于	8.0
结晶点,℃	不高于	−60
芳烃含量,%	不大于	20
碘值,gI/100g	不大于	3.5

项目		质量指标
酸度,mgKOH/100ml	不大于	1.0
硫含量,%	不大于	0.20
硫醇性硫含量,%	不大于	0.005
铜片腐蚀(100℃,2h)		合格
银片腐蚀(50℃,4h)/级	不大于	1
净热值,千卡/公斤	不小于	10250
燃烧性能:(需满足下列要求之一)		
(1)无烟火焰高度,mm	不小于	25
(2)(萘烃含量)(无烟火焰高度不低于20mm时),%	不大于	3
(3)辉光值	不小于	45
实际胶质,mg/100ml	不大于	5
灰分,%	不大于	0.005
水溶性酸或碱		无
机械杂质及水分		无
水反应:		
体积变化,ml	不大于	1
界面情况,级	不大于	1b
分离程度,级		实测

2. GB 1788—79 2 号喷气燃料

适用范围：天然原油加工制得的喷气燃料。

项目		质量指标
密度（20℃）/（g/cm³）	不小于	0.775
馏程		
初馏点,℃	不高于	150
10%馏出温度,℃	不高于	165
50%馏出温度,℃	不高于	195
90%馏出温度,℃	不高于	230
98%馏出温度,℃	不高于	250
残留量及损失量,%	不大于	2.0
闪点(闭口),℃	不低于	28
运动黏度,厘泡		
20℃	不小于	1.25
-40℃	不大于	8.0
结晶点,℃	不高于	-50
芳香烃含量,%	不大于	20
碘值,gI/100g	不大于	4.2
酸度,mgKOH/100ml	不大于	1.0

项目		质量指标
硫含量,%	不大于	0.2
硫醇性硫含量,%	不大于	0.002
铜片腐蚀(100℃,2h)		合格
银片腐蚀(50℃,4h)/级	不大于	1
净热值,千卡/公斤	不小于	10250
燃烧性能:(需满足下列要求之一)		
(1)无烟火焰高度,mm	不小于	25
(2)(萘烃含量)(无烟火焰高度不低于20mm时),%	不大于	3
(3)辉光值	不小于	45
实际胶质,mg/100ml	不大于	5.0
灰分,%	不大于	0.005
水溶性酸或碱		无
机械杂质及水分		无
水反应:		
体积变化,ml	不大于	1
界面情况,级	不大于	1b
分离程度,级		实测

3. GB 6537—2006 3 号喷气燃料

适用范围：天然原油或其馏分油加工制得的喷气燃料。

项目		质量指标
外观		室温下清澈透明,目视无不溶解水及固体物质
颜色	不小于	+25
组成:		
总酸值,mgKOH/g	不大于	0.015
芳烃含量(体积分数),%	不大于	20.0
烯烃含量(体积分数),%	不大于	5.0
总硫含量(质量分数),%	不大于	0.20
硫醇性硫(质量分数),%	不大于	0.0020
或博士试验		通过
直馏组分(体积分数)/%		报告
加氢精制组分(体积分数)/%		报告
加氢裂化组分(体积分数)/%		报告
挥发性		
馏程		
初馏点,℃		报告

项目		质量指标
10%馏出温度,℃	不高于	205
20%馏出温度,℃		报告
50%馏出温度,℃	不高于	232
90%馏出温度,℃		报告
终馏点,℃	不高于	300
残留量(体积分数),%	不大于	1.5
损失量(体积分数),%	不大于	1.5
闪点(闭口),℃	不低于	38
密度(20℃)/(kg/m^3)		775~830
流动性		
冰点/℃	不高于	-47
黏度/(mm^2/s)		
20℃	不小于	1.25
-20℃	不大于	8.0
燃烧性		
净热值,MJ/kg	不小于	42.8
烟点/mm	不小于	25.0
或烟点最小为20mm时,萘系烃含量 (体积分数)/% 不大于		3.0
或辉光值	不小于	45
腐蚀性		

项目		质量指标
铜片腐蚀(100℃,2h)/级	不大于	1
银片腐蚀(50℃,4h)/级	不大于	1
安定性		
热安定性(260℃,2.5h)		
压力降/kPa	不大于	3.3
管壁评级		小于3,且无孔雀蓝色或异常沉淀物
洁净性		
实际胶质,mg/100ml	不大于	7
水反应		
界面情况,级	不大于	1b
分离程度,级	不大于	2
固体颗粒污染物含量,mg/L	不大于	1.0
导电性		
电导率(20℃)/(pS/m)		50~450
水分离指数		
未加抗静电剂	不小于	85
加入抗静电剂	不小于	70
润滑性		
磨痕直径 WSD,mm	不大于	0.65

十七、税则号列 2710192

1. GB 252—2011 普通柴油

适用范围：拖拉机、内燃机车、工程机械、船舶和发电机组等压燃式发动机和 GB19756 中规定的三轮汽车和低速货车所使用的由石油制取的，或加有添加剂的普通柴油。

项目	10 号	5 号	0 号	−10 号	−20 号	−35 号	−50 号
色度/号				3.5			
氧化安定性（以总不溶物计）/（mg/100ml） 不大于				2.5			
硫含量（质量分数）/% 不大于				0.035			
酸度/（mgKOH/100ml） 不大于				7			
10% 蒸余物残炭（质量分数）/% 不大于				0.3			
灰分（质量分数）/% 不大于				0.01			
铜片腐蚀（50℃，3h）/级 不大于				1			

项目	10号	5号	0号	-10号	-20号	-35号	-50号
水分(体积分数)/% 不大于	痕迹						
机械杂质	无						
运动黏度（20℃)/（mm²/s）	3.0~8.0				2.5~8.0	1.8~7.0	
凝点/℃ 不高于	10	5	0	-10	-20	-35	-50
冷滤点/℃ 不高于	12	8	4	-5	-14	-29	-44
闪点(闭口)/℃ 不低于	55					45	
着火性(应满足下列要求之一)							
十六烷值 不小于	45						
十六烷指数 不小于	43						
馏程							
50%回收温度/℃ 不高于	300						
90%回收温度/℃ 不高于	355						
95%回收温度/℃ 不高于	365						
密度(20℃)/(kg/m³)	报告						

十八、税则号列 27101921

1. GB 252—2000 轻柴油

适用范围：由石油制取的，或加有添加剂的烃类液体燃料。

项目	10 号	5 号	0 号	−10 号	−20 号	−35 号	−50 号
色度,号 不大于				3.5			
氧化安定性,总不溶物 mg/100ml 不大于				2.5			
硫含量,%（m/m） 不大于				0.2			
酸度,mgKOH/100ml 不大于				7			
10% 蒸余物残炭,%（m/m） 不大于				0.3			
灰分,%（m/m） 不大于				0.01			
铜片腐蚀（50℃,3h）,级 不大于				1			

项目	10号	5号	0号	-10号	-20号	-35号	-50号
水分,%（V/V） 不大于	痕迹						
机械杂质	无						
运动黏度（20℃），mm^2/s	3.0~8.0				2.5~8.0	1.8~7.0	
凝点,℃ 不高于	10	5	0	-10	-20	-35	-50
冷滤点,℃ 不高于	12	8	4	-5	-14	-29	-44
闪点(闭口),℃ 不低于	55					45	
十六烷值 不小于	45						
馏程 50%回收温度/℃ 不高于	300						
90%回收温度/℃ 不高于	355						
95%回收温度/℃ 不高于	365						
密度(20℃),kg/m^3	实测						

十九、税则号列 27101922

1. SH/T 0356—1996 燃料油

适用范围：不同操作条件及不同燃烧器上使用的八种燃料油。

		质量指标							
项目		1号	2号	4号轻	4号	5号轻	5号重	6号	7号
闪点（闭口），℃	不低于	38	38	38	55	55	55	60	—
闪点（开口），℃	不低于	—	—	—	—	—	—	—	130
水和沉淀物，%（V/V）	不大于	0.05	0.05	0.50	0.50	1.00	1.00	2.00	3.00
馏程									
10%回收温度/℃	不高于	215	—	—	—	—	—	—	—
90%回收温度/℃	不低于	—	282	—	—	—	—	—	—
	不高于	288	338	—	—	—	—	—	—
运动黏度，mm²/s									
40℃	不小于	1.3	1.9	1.9	5.5	—	—	—	—
	不大于	2.1	3.4	5.5	24.0	—	—	—	—
100℃	不小于	—	—	—	—	5.0	9.0	15.0	—

项目		质量指标							
		1号	2号	4号轻	4号	5号轻	5号重	6号	7号
10%蒸余物残炭,%(m/m)	不大于	—	—	—	—	8.9	14.9	50.0	185
灰分,%(m/m)	不大于	0.15	0.35	—	—	—	—	—	—
硫含量,%(m/m)	不大于	0.50	0.50	0.05	0.10	0.15	0.15	—	—
铜片腐蚀(50℃,3h),级	不大于	3	3	—	—	—	—	—	—
密度(20℃),kg/m³	不小于	—	—	872	—	—	—	—	—
密度(20℃),kg/m³	不大于	846	872	—	—	—	—	—	—
倾点,℃	不高于	-18	-6	-6	-6	分为低倾点(不高于+15℃)和高倾点(不控制最高值)			

二十、税则号列 2710192920

1. GB 445—77 重柴油

适用范围：适用于天然石油炼制得到的重柴油。

项目		质量指标		
		10	20	30
运动黏度(50℃),厘泡	不大于	13. 5	20. 5	36. 2
残炭,%	不大于	0. 5	0. 5	1. 5
灰分,%	不大于	0. 04	0. 06	0. 08
硫含量,%	不大于	0. 5	0. 5	1. 5
机械杂质,%	不大于	0. 1	0. 1	0. 5
水分,%	不大于	0. 5	1. 0	1. 5
闪点(闭口),℃	不低于	65	65	65
凝点,℃	不高于	10	20	30
水溶性酸或碱		无	无	—

二十一、税则号列 27101991

1. GB 11121—1995 汽油机油

适用范围：以精制矿油、合成烃油或精制矿油与合成烃油混合为基础油，加入多种添加剂制成的汽油机油和汽油机/柴油机通用油。

项目 品种代号(按 GB/T 14906)	质量指标										
	SC					SD(SD/CC)					
	5W/20	10W/30	15W/40	30	40	5W/30	10W/30	15W/40	20/20W	30	40
运动黏度(100℃),mm²/s	5.6~<9.3	9.3~<12.5	12.5~<16.3	9.3~<12.5	12.5~<16.3	9.3~<12.5	9.3~<12.5	12.5~<16.3	5.6~<9.3	9.3~<12.5	12.5~<16.3
低温动力黏度,mPa·s 不大于	3500(-25℃)	3500(-20℃)	3500(-15℃)	—	—	3500(-25℃)	3500(-20℃)	3500(-15℃)	4500(-10℃)	—	—
边界泵送速度,℃ 不高于	-30	-25	-20	—	—	-30	-25	-20	-15	—	—
黏度指数 不小于	—	—	—	75	80	—	—	—	—	75	80
闪点(开口),℃ 不低于	200	205	215	220	225	200	205	215	210	220	225
倾点,℃ 不高于	-35	-30	-23	-15	-10	-35	-30	-23	-18	-15	-10
泡沫性(泡沫倾向/泡沫稳定性),ml/ml											

项目		质量指标	
24℃	不大于	25/0	25/0
93.5℃	不大于	150/0	150/0
后24℃	不大于	25/0	25/0
沉淀物，%	不大于	0.01	0.01
水分，%	不大于	痕迹	痕迹
残炭（加剂前），%		报告	报告
中和值（加剂前），mgKOH/g		报告	报告
硫酸盐灰分，%		报告	报告
硫，%		报告	报告
磷，%		报告	报告
钙，%		报告	报告
钡，%		报告	报告
锌，%		报告	报告
镁，%		报告	报告

项目	质量指标										
品种代号	SE(SE/CC)						SF(SF/CD)				
黏度等级（按 GB/T 14906）	5W/30	10W/30	15W/40	20/20W	30	40	5W/30	10W/30	15W/40	30	40
运动黏度（100℃），mm²/s	9.3~<12.5	9.3~<12.5	12.5~<16.3	5.6~<9.3	9.3~<12.5	12.5~<16.3	9.3~<12.5	9.3~<12.5	12.5~<16.3	9.3~<12.5	12.5~<16.3
低温动力黏度，mPa·s 不大于	3500 (-25℃)	3500 (-20℃)	3500 (-15℃)	4500 (-10℃)	—	—	3500 (-25℃)	3500 (-20℃)	3500 (-15℃)	—	—
边界泵送速度，℃ 不高于	-30	-25	-20	-15	—	—	-30	-25	-20	—	—
黏度指数 不小于	—	—	—	—	75	80	—	—	—	75	80
闪点（开口），℃ 不低于	200	205	215	210	220	225	200	205	215	220	225
倾点，℃ 不高于	-35	-30	-23	-18	-15	-10	-35	-30	-23	-15	-10
高温高剪切黏度，mPa·s(150℃,10^6 s^{-1})	报告	报告	报告	—	—	—	报告	报告	报告	—	—

57

项目	质量指标					
蒸发损失,% 诺亚克法（250℃,1h）	报告	报告	—	报告	报告	—
模拟蒸馏法（371℃馏出量）	报告	报告	—	报告	报告	—
泡沫性（泡沫倾向/泡沫稳定性）,ml/ml 24℃ 不大于	25/0			25/0		
93.5℃ 不大于	150/0			150/0		
后24℃ 不大于	25/0			25/0		
沉淀物,% 不大于	0.01			0.01		
水分,% 不大于	痕迹			痕迹		

项目	质量指标	
残炭（加剂前），%	报告	报告
中和值（加剂前），mgKOH/g	报告	报告
硫酸盐灰分，%	报告	报告
硫，%	报告	报告
磷，%	报告	报告
钙，%	报告	报告
钡，%	报告	报告
锌，%	报告	报告
镁，%	报告	报告

二十二、税则号列 27101993

1. Q/SY 44—2009 通用润滑油基础油

适用范围：石油馏分经溶剂精制、白土补充精制或加氢补充精制工艺生产出的基础油及经加氢（包括全加氢或混合加氢及异构脱蜡等）工艺生产的基础油。

项目		MVI								
		150	300	400	500	600	750	90BS	120BS	150BS
运动黏度 mm²/s	40℃	28.0~<34.0	50.0~<62.0	74.0~<90.0	90.0~<110	110~<120	135~<160	报告	报告	报告
	100℃	报告	报告	报告	报告	报告	报告	17.0~<22.0	22.0~<28.0	28.0~<34.0
外观		透明	透明	透明	透明	透明	透明	透明	透明	透明
色度,号	不大于	1.0	2.0	2.5	3.0	3.5	4.0	5.5	5.5	6.0
黏度指数	不小于	80	80	80	80	80	80	80	80	80
闪点(开口),℃	不低于	170	200	210	215	220	225	240	255	270
倾点,℃	不高于	-12	-9	-9	-5	-5	-5	-5	-5	-5
酸值,mgKOH/g	不大于	0.05	0.05	0.05	0.05	0.05	0.05	0.10	0.10	0.10
饱和烃(质量分数),%		报告	报告	报告	报告	报告	报告	报告	报告	报告
残炭(质量分数),%	不大于	—	0.02	0.03	0.03	0.035	0.04	0.50	0.50	0.50

项目	MVI								
	150	300	400	500	600	750	90BS	120BS	150BS
密度(20℃),kg/m³	报告	报告	报告	报告	报告	报告	报告	报告	报告
苯胺点,℃	报告	报告	报告	报告	报告	报告	报告	报告	报告
硫含量(质量分数),%	报告	报告	报告	报告	报告	报告	报告	报告	报告
氮含量(质量分数),%	报告	报告	报告	报告	报告	报告	报告	报告	报告
碱性氮(质量分数),%	报告	报告	报告	报告	报告	报告	报告	报告	报告
抗乳化度 min 54℃(40-40-0) 不大于	10	15	15	—	—	—	—	—	—
抗乳化度 min 82℃(40-37-3) 不大于	—	—	—	10	10	15	15	15	15
蒸发损失(Noack法,250℃,1h)(质量分数),% 不大于	23	—	—	—	—	—	—	—	—
氧化安定性(旋转氧弹法,150℃),min 不小于	200	200	200	200	200	200	200	130	130

项目			150	200	400	HVI 500	650	90BS	120BS
运动黏度 mm²/s	40℃		28.0~<34.0	35.0~<42.0	74.0~<90.0	90.0~<110	120~<135	报告	报告
	100℃		报告	报告	报告	报告	报告	17.0~<22.0	22.0~<28.0
外观			透明	透明	透明	透明	透明	透明	透明
色度，号		不大于	1.5	2.0	3.0	3.5	4.5	4.5	4.5
黏度指数		不小于	100	98	95	95	95	95	95
闪点(开口)，℃		不低于	200	210	225	235	255	260	265
倾点，℃		不高于	-12	-9	-7	-7	-5	-5	-5
酸值，mgKOH/g		不大于	0.02	0.02	0.03	0.03	0.03	0.03	0.03
饱和烃(质量分数)，%			报告	报告	报告	报告	报告	报告	报告

63

项目		HVI						
		150	200	400	500	650	90BS	120BS
残炭（质量分数），%	不大于	—	—	0.10	0.15	0.25	0.30	0.60
密度（20℃），kg/m³		报告	报告	报告	报告	报告	报告	报告
苯胺点，℃		报告	报告	报告	报告	报告	报告	报告
硫含量（质量分数），%		报告	报告	报告	报告	报告	报告	报告
氮含量（质量分数），%		报告	报告	报告	报告	报告	报告	报告
碱性氮（质量分数），%		报告	报告	报告	报告	报告	报告	报告
蒸发损失（Noack 法，250℃，1h）（质量分数），%	不大于	20	15	—	—	—	—	—
氧化安定性（旋转氧弹法，150℃），min	不小于	200	200	190	170	150	150	150
低温动力黏度（−15℃），mPa·s		报告	—	—	—	—	—	—

项目		HVIS						
		150	200	400	500	650	120BS	150BS
运动黏度 mm²/s	40℃	28.0~<34.0	35.0~<42.0	74.0~<90.0	90.0~<110	120~<135	报告	报告
	100℃	报告	报告	报告	报告	报告	22.0~<28.0	28.0~<34.0
外观		透明	透明	透明	透明	透明	透明	透明
色度，号	不大于	1.0	1.5	2.0	2.5	3.5	4.5	5.0
黏度指数	不小于	100	98	95	95	95	95	95
闪点（开口），℃	不低于	200	210	225	235	255	290	300
倾点，℃	不高于	-15	-9	-9	-9	-7	-5	-5
酸值，mgKOH/g	不大于	0.02	0.02	0.03	0.03	0.03	0.03	0.03
饱和烃（质量分数），%		报告	报告	报告	报告	报告	报告	报告

项目			HVIS						
			150	200	400	500	650	120BS	150BS
残炭（质量分数），%	不大于		—	—	0.10	0.15	0.25	0.50	0.60
密度（20℃），kg/m³			报告	报告	报告	报告	报告	报告	报告
苯胺点，℃			报告	报告	报告	报告	报告	报告	报告
硫含量（质量分数），%			报告	报告	报告	报告	报告	报告	报告
氮含量（质量分数），%			报告	报告	报告	报告	报告	报告	报告
碱性氮含量（质量分数），%			报告	报告	报告	报告	报告	报告	报告
抗乳化度，min	54℃（40－40－0）不大于		10	10	15	—	—	—	—
	82℃（40－37－3）不大于		—	—	—	15	15	25	25
蒸发损失（Noack 法，250℃，1h）（质量分数），%	不大于		20	15	—	—	—	—	—
氧化安定性（旋转氧弹法，150℃），min	不小于		200	200	200	200	200	180	180

项目			HVIW					
			150	200	400	500	650	120BS
运动黏度 mm²/s	40℃		28.0~<34.0	35.0~<42.0	74.0~<90.0	90.0~<110	120~<135	报告
	100℃		报告	报告	报告	报告	报告	22.0~<28.0
外观			透明	透明	透明	透明	透明	透明
色度，号		不大于	1.5	2.0	2.5	3.0	4.0	4.5
黏度指数		不小于	100	98	95	95	95	95
闪点（开口），℃		不低于	200	210	225	235	255	290
倾点，℃		不高于	-16	-16	-12	-12	-12	-12
酸值，mgKOH/g		不大于	0.02	0.02	0.03	0.03	0.03	0.03
饱和烃（质量分数），%			报告	报告	报告	报告	报告	

项目		150	200	400	500	650	120BS
					HVIW		
残炭（质量分数），%	不大于	—	—	0.10	0.15	0.25	0.60
密度（20℃），kg/m³		报告	报告	报告	报告	报告	报告
苯胺点，℃		报告	报告	报告	报告	报告	报告
硫含量（质量分数），%		报告	报告	报告	报告	报告	报告
氮含量（质量分数），%		报告	报告	报告	报告	报告	报告
碱性氮（质量分数），%		报告	报告	报告	报告	报告	报告
蒸发损失（Noack法，250℃，1h）（质量分数），%	不大于	17	13	—	—	—	—
氧化安定性（旋转氧弹法，150℃），min	不小于	200	200	200	180	180	150
低温动力黏度（-20℃），mPa·s		报告	报告	—	—	—	—

项目		HVIH								26	30	
		2	4	5	6	8	10	12	14	120BS	150BS	150BSV
运动黏度 mm²/s	40℃	报告	报告	报告	报告	报告	报告	报告	报告	报告	报告	报告
	100℃	1.50~<2.50	3.50~<4.50	4.50~<5.50	5.50~<6.50	7.50~<9.00	9.00~<11.0	11.0~<13.0	13.0~<15.0	22.0~<28.0	28.0~<34.0	28.0~<34.0
外观		透明	透明	透明	透明	透明	透明	透明	透明	透明	透明	透明
色度,号	不大于	0.5	0.5	0.5	0.5	0.5	0.5	0.5	0.5	1.0	1.0	1.0
黏度指数	不小于	90	100	95	95	95	95	95	95	90	90	80
闪点(开口),℃	不低于	140	180	200	210	220	220	235	255	260	270	270
倾点,℃	不高于	-25	-15	-15	-12	-12	-12	-12	-12	-9	-9	-9
酸值,mgKOH/g	不大于	0.01	0.01	0.01	0.01	0.01	0.01	0.01	0.01	0.02	0.02	0.02

项目		HVIH										
		2	4	5	6	8	10	12	14	26 120BS	30 150BS	150BSV
倾点,℃	不高于	-15	-10	-10	-10	-5	-5	-5	-5	报告	报告	报告
饱和烃（质量分数），%	不小于	90	90	90	90	90	90	90	90	90	90	90
密度（20℃），kg/m^3		报告	报告	报告	报告	报告	报告	报告	报告	报告	报告	报告
硫含量 $\mu g/g$	不大于	50	50	50	50	50	50	50	50	50	50	50
氧化安定性（旋转氧弹法,150℃），min	不小于	250	250	250	250	250	250	250	250	250	250	250
蒸发损失（Noack 法,250℃,1h）（质量分数），%	不大于	—	18	15	13	—	—	—	—	—	—	—

项目	HVIH										
	2	4	5	6	8	10	12	14	26	30	
									120BS	150BS	150BSV
抗乳化度 化度 min	54℃ (40－40－0) 不大于	10	10	10	10	10	—	—	—	—	—	—
	82℃ (40－37－3) 不大于	—	—	—	—	—	15	15	25	25	25	25
低温动力黏度 mPa·s	－25℃	—	报告	报告	—	—	—	—	—	—	—	—
	－20℃	—	—	—	报告	报告	—	—	—	—	—	—

71

项目			HVIP							
			2	4	5	6	8	10	12	14
运动黏度 mm²/s	40℃		报告	报告	报告	报告	报告	报告	报告	报告
	100℃		1.50~<2.50	3.50~<4.50	4.50~<5.50	5.50~<6.50	7.50~<9.00	9.00~<11.0	11.0~<13.0	13.0~<15.0
外观			透明	透明	透明	透明	透明	透明	透明	透明
色度,号		不大于	0.5	0.5	0.5	0.5	0.5	0.5	0.5	0.5
黏度指数		不小于	110	110	110	110	110	110	110	110
闪点(开口),℃		不低于	140	200	205	210	220	230	230	240
倾点,℃		不高于	−30	−18	−18	−18	−15	−15	−15	−15
酸值,mgKOH/g		不大于	0.01	0.01	0.01	0.01	0.01	0.01	0.01	0.01
浊点,℃		不高于	−20	−10	−10	−10	−5	−5	−5	−5
饱和烃(质量分数),%		不大于	90	90	90	90	90	90	90	90
密度(20℃),kg/m³			报告	报告	报告	报告	报告	报告	报告	报告

项目		HVIP							
		2	4	5	6	8	10	12	14
硫含量，μg/g	不大于	10	10	10	10	10	10	10	10
氧化安定性（旋转氧弹法，150℃），min	不小于	300	300	300	300	300	300	300	300
蒸发损失（Noack 法，250℃，1h）（质量分数），%	不大于	—	15	13	9	—	—	—	—
抗乳化度 min	54℃(40-40-0) 不大于	10	10	10	10	10	—	—	—
	82℃(40-37-3) 不大于	—	报告	报告	报告	—	—	—	—
低温动力黏度 mPa·s	-25℃	—	—	—	报告	—	15	15	15
	-20℃	—	—	—	报告	—	—	—	—

项目		VHVI								20
		2	4	5	6	8	10	12	14	90BS
运动黏度 mm²/s	40℃	报告	报告	报告	报告	报告	报告	报告	报告	报告
	100℃	1.50~<2.50	3.50~<4.50	4.50~<5.50	5.50~<6.50	7.50~<9.00	9.00~<11.0	11.0~<13.0	13.0~<15.0	17.0~<22.0
外观		透明	透明	透明	透明	透明	透明	透明	透明	透明
色度，号 不大于		0.5	0.5	0.5	0.5	0.5	0.5	0.5	0.5	1.0
黏度指数 不小于		120	120	120	120	120	120	120	120	120
闪点（开口），℃ 不低于		140	200	205	210	220	230	230	240	265
倾点，℃ 不高于		-30	-18	-18	-18	-18	-18	-18	-18	-18
酸值，mgKOH/g 不大于		0.01	0.01	0.01	0.01	0.01	0.01	0.01	0.01	0.02
浊点，℃ 不高于		-20	-10	-10	-10	-5	-5	-5	-5	报告
饱和烃（质量分数），% 不小于		90	90	90	90	90	90	90	90	90

项目	VHVI								20 90BS
	2	4	5	6	8	10	12	14	
密度（20℃），kg/m³	报告	报告	报告	报告	报告	报告	报告	报告	报告
硫含量 μg/g　不大于	10	10	10	10	10	10	10	10	10
氧化安定性（旋转氧弹法,150℃），min　不小于	300	300	300	300	300	300	300	300	300
蒸发损失（Noack 法，250℃，1h）（质量分数），%　不大于	—	15	13	9	—	—	—	—	—
抗乳化度 min　54℃（40－40－0）不大于	10	10	10	10	10	—	—	—	—
抗乳化度 min　82℃（40－37－3）不大于	—	报告	报告	报告	—	—	—	—	—
低温动力黏度 mPa·s　−25℃	—	—	—	—	—	15	15	15	25
低温动力黏度 mPa·s　−20℃	—	—	—	—	—	—	—	—	—

二十三、税则号列 27101994

1. SH/T 0416—92 重质液体石蜡

适用范围：由天然原油生产的柴油馏分，经尿素脱蜡或分子筛脱蜡而制取的重质液体石蜡。

项目		一级品	合格品
馏程			
初馏点，℃	不低于	220	195
98%（V/V）馏出温度，℃	不高于	310	310
颜色，赛波特号	不低于	+20	+15
芳香烃含量，%（m/m）	不大于	0.7	1.0
正构烷烃含量，%（m/m）	不大于	95	90
溴值，gBr/100g	不大于	1.5	2.0
硫，ppm（m/m）	不大于	40	—
闪点（闭口），℃	不低于	90	80
水溶性酸或碱		无	
水分及机械杂质		无	

2. SH／T 0417—92 液体石蜡

适用范围：由天然原油生产的直馏馏分，经尿素脱蜡或分子筛脱蜡而制取的液体石蜡。

项目		一级品	合格品
馏程			
初馏点，℃	不低于	185	180
98%（V／V）馏出温度，℃	不高于	240	250
正构烷烃含量，%（m／m）	不小于	96	90
芳香烃含量，%（m／m）	不大于	1	
碱性氮含量，%（m／m）	不大于	0.0005	—
机械杂质及水		无	

二十四、税则号列 2712

1. GB 22160—2008 食品级微晶蜡

适用范围：由石油的重馏分或减压渣油的溶剂脱沥青油经溶剂精制、脱蜡、脱油，再经白土或加氢精制而制得的食品级微晶蜡。

项目		质量指标				
牌号		70	75	80	85	90
滴熔点/℃	不低于	67	72	77	82	87
	低于	72	77	82	87	92
针入度(25℃,100g)/(1/10mm)	不大于	35	35	30	23	15
含油量(质量分数)/%	不大于	3.0				
颜色/号	不大于	1.5				
运动黏度(100℃)/(mm^2/s)	不小于	6.0	10			
5%蒸馏点碳数	不小于	25				
平均相对分子质量	不小于	500				
灼烧残渣(质量分数)/%	不大于	0.1				

项目		质量指标
铅/（mg/kg）	不大于	3
嗅味/号	不大于	1
稠环芳烃/（紫外吸光度/cm）		
280nm～289nm	不大于	0.15
290nm～299nm	不大于	0.12
300nm～359nm	不大于	0.08
360nm～400nm	不大于	0.02

2. GB 7189—2010 食品级石蜡

适用范围：以含油蜡为原料，经发汗或溶剂脱油，再经加氢精制或白土精制所得到的食品级石蜡。

项目	质量指标 食品石蜡								食品包装石蜡							
牌号	52号	54号	56号	58号	60号	62号	64号	66号	52号	54号	56号	58号	60号	62号	64号	66号
熔点/℃ 不低于	52	54	56	58	60	62	64	66	52	54	56	58	60	62	64	66
熔点/℃ 低于	54	56	58	60	62	64	66	68	54	56	58	60	62	64	66	68
含油量（质量分数）/% 不大于	0.5								1.2							
颜色/赛波特颜色号 不小于	+28								+26							
光安定性/号 不大于	4								5							
针入度（25℃）/（1/10mm） 不大于	18				16				20				18			

项目	质量指标	
	食品石蜡	食品包装石蜡
运动黏度（100℃）/（mm²/s）	报告	报告
嗅味/号 不大于	0	1
水溶性酸或碱	无	无
机械杂质及水	无	无
易炭化物	通过	一
稠环芳烃/（紫外吸光度/cm）		
280nm～289nm 不大于	0.15	0.15
290nm～299nm 不大于	0.12	0.12
300nm～359nm 不大于	0.08	0.08
360nm～400nm 不大于	0.02	0.02

3. GB 1202—87 粗石蜡

适用范围：以含油蜡为原料，经发汗或溶剂脱油，不经精制脱色所得到的粗石蜡。

项目		质量指标					
		50 号	52 号	54 号	56 号	58 号	60 号
熔点，℃	不低于	50	52	54	56	58	60
	低于	52	54	56	58	60	62
含油量，%	不大于	2.0					
色度，号	不大于	−10					
嗅味，号	不大于	3					
机械杂质及水分		无					

4. GB/T 254—2010 半精炼石蜡

适用范围：以含油蜡为原料、经发汗或溶剂脱油，再经白土或加氢精制所得到的半精炼石蜡。

项目		质量指标										
		50 号	52 号	54 号	56 号	58 号	60 号	62 号	64 号	66 号	68 号	70 号
熔点,℃ 不低于		50	52	54	56	58	60	62	64	66	68	70
低于		52	54	56	58	60	62	64	66	68	70	72
含油量(质量分数)/% 不大于		2.0										
颜色/赛波特颜色号 不小于		+18										
光安定性/号 不大于		6			7							
针入度	(100g,25℃)1/10mm 不大于	23										
	(100g,35℃)1/10mm	报告										
运动黏度(100℃)/(mm²/s)		报告										
嗅味/号 不大于		2										
水溶性酸或碱		无										
机械杂质及水		无										

5. GB/T 446—2010 全精炼石蜡

适用范围：以含油蜡为原料、经发汗或溶剂脱油，再经加氢精制或白土精制所得到的全精炼石蜡。

项目		质量指标									
		52号	54号	56号	58号	60号	62号	64号	66号	68号	70号
熔点,℃	不低于	52	54	56	58	60	62	64	66	68	70
低于		54	56	58	60	62	64	66	68	70	72
含油量(质量分数)/%	不大于	0.8									
颜色/赛波特颜色号	不小于	+27					+25				
光安定性/号	不大于	4					5				
针入度(25℃)1/10mm	不大于	19					17				
运动黏度(100℃)/(mm²/s)		报告									
嗅味/号	不大于	1									
水溶性酸或碱		无									
机械杂质及水		无									

6. SH/T 0013—2008 微晶蜡

适用范围：由石油的重馏分或减压渣油的溶剂脱沥青油经过溶剂精制、脱蜡、脱油、再经白土或加氢精制得到的微晶蜡。

项目		质量指标				
牌号		70	75	80	85	90
滴熔点,℃	不低于	67	72	77	82	87
低于		72	77	82	87	92
针入度,1/10mm（35℃,100g）		报告				
（25℃,100g）不大于		30	30	20	18	14
含油量（质量分数）,%	不大于	3.0				
颜色,号	不大于	3.0				
运动黏度（100℃）,mm²/s	不小于	6.0	10			
水溶性酸或碱		无				

二十五、税则号列 27121000

1. GB 1790—2003 医药凡士林

适用范围：由高黏度石油润滑油馏分，经脱蜡所得的蜡膏掺和润滑油基础油，再经精制而得到的医药凡士林。

项目	质量指标	
	医药白凡士林	医药黄凡士林
性状	白色、半透明、软质、有油腻感的膏状物，经贮存或熔化后不经搅动而冷却仍能保持这些特性；在日光下甚至在熔化时至多有轻微荧光，擦在皮肤上应无气味。几乎不溶于水和乙醇（96%）；溶于氯仿、乙醚和石油醚（沸程 40℃ ~ 60℃），其溶液有时呈轻微乳浊。	淡黄色至黄色、半透明、软质、有油腻感的膏状物，经贮存或熔化后不经搅动而冷却仍能保持这些特性；在日光下甚至在熔化时至多有轻微荧光，擦在皮肤上应无气味。几乎不溶于水和乙醇（96%）；溶于氯仿、乙醚和石油醚（沸程40℃ ~60℃），其溶液有时呈轻微乳浊。

项目	质量指标	
	医药白凡士林	医药黄凡士林
滴点/℃	42 ~ 60	
紫外吸光度 （290nm） 不大于	0.50	0.75
稠环芳烃	通过	通过
锥入度（150g， 25℃）,0.1mm	130 ~ 250	
硫酸盐灰分(质量 分数)/% 不大于	0.1	
酸碱度	无	
异性有机物	无	

2. SH 0008—90 化妆用凡士林

适用范围：由高黏度石油润滑油馏分经脱蜡所得的蜡膏，掺和机械油，再经精制而得的化妆用凡士林。

项目		质量指标
外观		白色至微黄色均质软膏状物,几乎无嗅无味
紫外吸光度(290nm)	不大于	0.25
酸碱性试验		中性
硫化物		通过
重金属(铅),ppm	不大于	30
砷,ppm	不大于	2
灼烧残渣,%	不大于	0.05
锥入度(25℃,150g),0.1mm		95~250
闪点(开口),℃	不低于	190
滴点,℃		45~48
滴熔点,℃		报告
运动黏度(100℃),mm^2/s		8~18
有机杂质		无

3. SH/T 0039—90 工业凡士林

适用范围：由高黏度润滑油馏分，经脱蜡所得的蜡膏掺和机械油经白土精制后加入防腐蚀添加剂而得的工业凡士林。

项目	质量指标	
	1 号	2 号
外观	淡褐色至深褐色均质无块软膏	淡褐色至深褐色均质无块软膏
滴熔点,℃	45～80	
酸值,mgKOH/g 不大于	0.1	
腐蚀(钢片,铜片, 100℃,3h)	合格	
水溶性酸或碱	无	
闪点(开口),℃ 不低于	190	
运 动 黏 度 (100℃),mm^2/s	10～20	15～30
锥入度（150g, 25℃),0.1mm	140～210	80～140
机械杂质,% 不大于	0.03	0.03
水分,%	无	无

4. SH/T 0767—2005 食品级凡士林

适用范围：由高黏度石油润滑油馏分，经脱蜡所得的蜡膏掺和润滑油基础油，再经精制而得到的食品级凡士林。

项目	质量指标
外观	白色到淡黄色或浅琥珀色的半固体物质,薄层时透明,几乎无荧光
滴熔点/℃	38～60
红外吸收	
$3000cm^{-1}$～$2800cm^{-1}$	高强度
$1500cm^{-1}$～$1300cm^{-1}$	中等强度
$750cm^{-1}$～$700cm^{-1}$	低等强度
运动黏度(100℃)/(mm^2/s)	3～20
碳数少于 18 的分子/%（V/V）　不大于	5

项目		质量指标
平均相对分子质量		350 ~ 650
灼烧残渣/%	不大于	0.05
颜色		合格
酸碱度		合格
硫		合格
易炭化物		通过
稠环芳烃(吸光度/cm)		
280nm ~ 289nm	不大于	0.15
290nm ~ 299nm	不大于	0.12
300nm ~ 359nm	不大于	0.08
360nm ~ 400nm	不大于	0.02
铅/(mg/kg)	不大于	2

二十六、税则号列 27132000

1. GB/T 494—2010 建筑石油沥青

适用范围：以天然原油的减压渣油经氧化或其他工艺而制得的石油沥青。

项目		质量指标		
		10 号	30 号	40 号
针入度(25℃,100g,5s)/(1/10mm)		10~25	26~35	36~50
针入度(46℃,100g,5s)/(1/10mm)		报告	报告	报告
针入度(0℃,200g,5s)/(1/10mm)	不小于	3	6	6
延度(25℃,5cm/min)/cm	不小于	1.5	2.5	3.5
软化点(环球法)/℃	不低于	95	75	60
溶解度(三氯乙烯)/%	不小于	99.0		
蒸发后质量变化(163℃,5h)/%	不大于	1		
蒸发后25℃针入度比/%	不小于	65		
闪点(开口杯法)/℃	不低于	260		

2. SH/T 0002—90 防水防潮石油沥青

适用范围：由不同原油的减压渣油经加工制得的防水防潮石油沥青。

项目		质量指标			
		3 号	4 号	5 号	6 号
软化点,℃	不低于	85	90	100	95
针入度,1/10mm		25~45	20~40	20~40	30~50
针入度指数	不小于	3	4	5	6
蒸发损失(163℃,5h),% 不大于		1			
闪点(开口),℃	不低于	250	270		
溶解度,%	不小于	98	98	95	92
脆点,℃	不高于	−5	−10	−15	−20
垂度,mm	不大于	—	—	8	10
加热安定性,℃	不高于	5			

3. NB/SH/T 0522—2010 道路石油沥青

适用范围：以石油为原料，经各种工艺生产的适用于修建中、低等级道路和城市道路非主干道路面的道路石油沥青。

项目		质量指标				
		200 号	180 号	140 号	100 号	60 号
针入度（25℃，100g，5s）/（1/10mm）		200 ~ 300	150 ~ 200	110 ~ 150	80 ~ 110	50 ~ 80
延度（25℃）/cm	不小于	20	100	100	90	70
软化点/℃		30 ~ 48	35 ~ 48	38 ~ 51	42 ~ 55	45 ~ 58
溶解度/%	不小于	99.0				
闪点（开口）/℃	不低于	180	200	230		
密度（25℃）/（g/cm³）		报告				
蜡含量/%	不大于	4.5				
薄膜烘箱试验（163℃，5h）						
质量变化/%	不大于	1.3	1.3	1.3	1.2	1.0
针入度比/%		报告				
延度（25℃）/cm		报告				

4. SH/T 0523—92 油漆石油沥青

适用范围：由石油渣油经加工制得的油漆石油沥青。

项目		1 号	2 号	3 号
外观		黑亮,无杂质		
软化点(环球法),℃		140 ~ 165	125 ~ 140	105 ~ 125
针入度(25℃,100g)/(1/10mm)	不大于	6	8	10
溶解度,%	不小于	99.5		
闪点(开口),℃	不低于	260		
灰分,%	不大于	0.3		
油溶性(沥青:亚麻油)		完全 (1:0.5)	完全 (1:1)	完全 (1:1)

二十七、税则号列 27149020

1. Q/SH PRD 061—2007 聚合物改性乳化沥青

适用范围：以石油沥青和水为基本原料，以苯乙烯－丁二烯－苯乙烯嵌段共聚物（SBS）或丁苯橡胶（SBR）胶乳为外掺材料生产的聚合物改性乳化沥青。

项目		质量指标	
		CRS－P	CSS－P
破乳度,%	不小于	40	—
恩格拉黏度(25℃)		1～10	3～30
筛上剩余量(1.18mm),%	不大于	0.10	0.10
颗粒电荷		正	正
贮存稳定性(1 天),%	不大于	1.0	1.0
蒸发残留物试验			
沥青含量,%	不小于	60	60
针入度(25℃,100g,5s),1/10mm		40～120	40～100
软化点,℃	不低于	50	53
延度(5℃,5cm/min),cm	不小于	20	20
弹性恢复(25℃),%	不小于	55	60
溶解度,%	不小于	97.5	97.5

2. SH/T 0624—95 阳离子乳化沥青

适用范围：道路石油沥青与乳化剂和水经乳化而制得的阳离子乳化沥青。

项目		质量指标					
		G－1	G－2	G－3	B－1	B－2	B－3
恩氏黏度(25℃),°E		3～15	1～6	1～6	3～40		
筛上剩余量,% 不大于		0.3					
附着度 不小于		2/3			—		
粗骨料拌和试验		—			均匀		—
密骨料拌和试验		—			—	均匀	—
水泥拌和性试验,% 不大于		—			—		5
颗粒电荷		正					
蒸发残留物,% 不小于		60	50	50	57		
蒸发残留物性质	针入度(25℃,100g)/(1/10mm)	80～200	80～300	40～160	40～200	40～300	40～200
	延度(25℃),cm 不小于	40					
	溶解度,% 不小于	98			97		
贮存稳定度(5d),% 不大于		5					
冷冻安定性		无粗粒、无结块					